Sandford Fleming

LE BÂTISSEUR DE CHEMINS DE FER

MICHAEL WEBB
Consultant à l'édition française:
Jean-Yves Lalonde

Les Éditions de la Chenelière inc.
Montréal • Fredericton

Sandford Fleming, le bâtisseur de chemins de fer

Traduction de: *Sandford Fleming, Railway Builder*, de Michael Webb, © Copp Clark Pitman Ltd. 1993

MICHAEL WEBB, ex-enseignant et ex-professeur de chimie, travaille maintenant comme éditeur et auteur à Toronto. Il possède un Ph.D. en chimie de la University of Alberta.

© 1993 Les Éditions de la Chenelière inc.

Coordination: Audette Simard
Traduction: Lise Malo
Révision linguistique: Nicole Blanchette
Correction d'épreuves: Luc Masson
Infographie et montage: Info-Type enr.

Recherche de photos: Grace D'Alfonso
Direction artistique: Kyle Gell

Données de catalogage avant publication (Canada)

Webb, Michael, 1949-
    Sandford Fleming: le bâtisseur de chemins de fer
    (Collection Déclic)
    Comprend un index.
    Traduction de: Sandford Fleming.
    Pour les jeunes.
    ISBN 2-89310-157-7

1. Fleming, Sandford, Sir, 1827-1915 — Ouvrages pour la jeunesse. 2. Canadian Pacific Railway Company — Histoire — Ouvrages pour la jeunesse. 3. Ingénieurs ferroviaires — Canada — Biographies — Ouvrages pour la jeunesse. 4. Géomètres — Canada — Biographies — Ouvrages pour la jeunesse. I. Titre. II. Collection.

HE2808.2.F54W4214 1993   j625.1'0092   C93-096685-6

Chenelière

Les Éditions de la Chenelière inc.
215, rue Jean-Talon Est
Montréal (Québec)
H2R 1S9
Tél.: (514) 273-1066
Télécopieur: (514) 276-0324

ISBN 2-89310-157-7

Dépôt légal: 3e trimestre 1993
Bibliothèque nationale du Québec
Bibliothèque nationale du Canada

Imprimé au Canada par Interglobe inc.

1   2   3   4   5   97   96   95   94   93

L'Éditeur a fait tout ce qui était en son pouvoir pour retrouver les copyrights. On peut lui signaler tout renseignement menant à la correction d'erreurs ou d'omissions.

SOURCES DES PHOTOS ET DES ILLUSTRATIONS
Bombardier inc.: 3 (en bas); British Tourist Authority: 5; Société canadienne des postes: 10; Canadien Pacifique ltée: 18 (photos nos A4215 et 17002); CBC: 24 (Suzuki); CN: 12, 13 (photos en noir et blanc); Comstock: 9 (en bas); Confederation Life Gallery of Canadian History: 20; Edinburgh Photo Library: 2; Michel Bérard: 17, 21; Hutchison House Museum: 25; *The Liberal:* 24 (Hogg); Mary Evans Picture Library: 3 (en haut), 22; musée McCord d'histoire canadienne, Montréal: 8 (M11588 — *L'incendie du Parlement,* 1849, huile sur bois, attribuée à Joseph Légaré); Archives nationales du Canada: couverture, iv (PA27407), 4 (C8692), 9 (C2327) (en haut), 11 (C40269), 14 (C8694), 19 (C3693); Queen's University Archives: 23; Monnaie royale canadienne: 6; Via Rail: 1, 13 (photo en couleurs); Western Canada Pictorial Index: 15, 16.

Le ministère de l'Éducation et de la Formation de l'Ontario a fourni une aide financière pour la réalisation de ce projet, ce qui ne constitue en rien une approbation pour l'utilisation de ce matériel à des fins éducationnelles ou autres.

Cette publication n'engage que l'opinion de ses auteurs et ne représente pas nécessairement celle du ministère.

Table des matières

Sandford Fleming

INTRODUCTION

Le Canada est divisé en **fuseaux horaires**. Si tu traverses le pays, tu dois changer l'heure à ta montre chaque fois que tu entres dans un nouveau fuseau horaire.

Sandford Fleming, un Canadien remarquable, a eu l'idée de ces fuseaux horaires. Et il a fait encore plus. Avant l'invention des voitures et des avions, il a facilité le transport d'un fuseau horaire à un autre. En effet, il a beaucoup contribué à la construction des chemins de fer au Canada.

Beaucoup de Canadiens voyagent en train.

L'ENFANCE EN ÉCOSSE

Sandford Fleming naît le 7 janvier 1827. Il grandit à Kirkcaldy, sur la côte est de l'Écosse. Ses parents, Andrew et Elizabeth, réussissent bien dans la vie. Ils possèdent une **scierie** et leur propre entreprise de construction et d'ébénisterie. Sandford a sept frères et sœurs.

Enfant, Sandford aime le plein air. L'été, il pêche et joue à la plage. Il aime dessiner, surtout des vieux châteaux. L'hiver, il patine. Les échecs sont l'un de ses passe-temps favoris. À l'école, il excelle en mathématiques.

Le château du loch Leven. Le mot loch *signifie «lac».*

Un dessin du Rocket *de Stephenson*

À l'âge de 14 ans, Sandford quitte l'école pour travailler avec un **ingénieur**, John Sang. Il se familiarise avec la conception et la construction de ports et de réseaux d'**aqueduc**. Mais il apprend surtout à faire de l'arpentage pour déterminer l'emplacement des voies ferrées.

Aux débuts du transport ferroviaire, les premiers trains sont tirés par des chevaux. En 1829, un inventeur anglais, George Stephenson, construit un **moteur à vapeur** capable de faire rouler un train à une vitesse de 25 kilomètres à l'heure. Même si les trains d'aujourd'hui vont 10 fois plus vite, le nouveau véhicule fait sensation en 1829. Stephenson le baptise *Rocket*, c'est-à-dire la fusée.

Un train à grande vitesse moderne

LA TRAVERSÉE AU CANADA

Le père de Sandford a un cousin, le Dr John Hutchison. Il est le médecin du village de Peterborough dans le Haut-Canada, l'Ontario d'aujourd'hui. Ce cousin rend visite à la famille Fleming, à Kirkcaldy, et parle beaucoup du Canada. Sandford a environ 16 ans.

La famille décide que Sandford et son frère aîné, David, devraient s'établir au Canada. S'ils réussissent bien, le reste de la famille ira les rejoindre. Sandford et David quittent Glasgow le 24 avril 1845. Sandford n'a alors que 18 ans.

Sandford Fleming en 1845

La rivière Clyde arrose Glasgow.

Une douzaine d'années plus tôt, des bateaux à vapeur ont commencé à traverser l'Atlantique, mais Sandford et David font la traversée sur un petit voilier, le *Brilliant*. Ce bateau transporte de lourdes barres de fer. Pendant le voyage, une terrible tempête fait rage durant trois jours. Les deux garçons ont le mal de mer. De plus, les attaches des barres de fer se défont!

Ils entendent les barres rouler sous eux et frapper les parois de bois du bateau. Sandford, craignant le pire, écrit à son père. Voici un passage de sa lettre: «Le bateau risque de se fracasser bientôt. Nous vous envoyons tout notre amour.» Il met sa missive dans une bouteille et la lance à la mer.

Sept mois et mille kilomètres plus tard, la bouteille échoue sur la côte anglaise. C'est un pêcheur qui la trouve. Le père de Sandford est étonné de recevoir cette lettre, car ses fils lui ont déjà écrit du Canada. Ils sont arrivés sains et saufs à Québec le 6 juin. Leur traversée de l'Atlantique a pris 44 jours.

En 1845, le Canada est bien différent de ce qu'il est maintenant. La «province du Canada», qui représente le territoire actuel de l'Ontario et du Québec, est alors une **colonie** anglaise. Le Canada ne deviendra un pays que 22 ans plus tard, en 1867, et ne comptera que quatre provinces: l'Ontario, le Québec, le Nouveau-Brunswick et la Nouvelle-Écosse.

Sandford et David arrivent à Québec. La ville a été endommagée par un énorme incendie. Ils poursuivent leur route en bateau, passant par Montréal, Bytown (aujourd'hui Ottawa) et Kingston. Ils débarquent à Cobourg, se rendent en calèche jusqu'à Peterborough et passent leurs vacances d'été chez le Dᵣ Hutchison.

Cette pièce de monnaie montre une diligence fixée sur des skis pour le transport d'hiver.

En août, Sandford et David se rendent à Toronto en diligence et en bateau. David trouve du travail rapidement, mais pas Sandford. Ce dernier rencontre un ingénieur canadien célèbre, Casimir Gzowski, qui lui conseille d'abandonner et de rentrer en Écosse.

Sandford retourne plutôt à Peterborough. Au début de 1846, il commence à travailler pour un **arpenteur**. Peu de temps après, il travaille à son compte. Il dessine et imprime la première carte de Peterborough. Il en fera beaucoup d'autres par la suite, notamment celles de Newcastle et de Cobourg.

Sandford revient à Toronto pour vendre ses cartes et ses dessins d'édifices. Il gagne un peu d'argent en tant qu'artiste, et pourtant il est **daltonien**. Dans l'une de ses peintures, l'herbe est rouge clair. Un jour, il essaie de faire de l'effet à une fille en portant un nouvel habit. Mais il ne sait pas qu'il est rose!

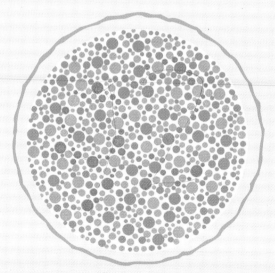

Test de dépistage d'une forme de daltonisme.
Peux-tu lire le nombre 92?

LA CARRIÈRE

Dans ses lettres à la famille, Sandford parle en bien du Canada. À l'été de 1847, les Fleming quittent l'Écosse. Sandford pense déjà à fonder sa propre famille. À Peterborough, il rencontre une jeune femme, Jean Hall. Ils se marient en 1855, et ils élèveront six enfants.

Toutefois, Sandford doit d'abord s'établir. À Montréal, au printemps de 1849, il est reçu à un examen l'autorisant à faire de l'arpentage. Durant son séjour, il est pris dans une **émeute**. Les édifices du Parlement sont incendiés. Fleming, à la tête d'un groupe, tente de sauver ce qu'il peut. Ils entrent et en ressortent avec une couronne et une énorme peinture de la **reine Victoria**.

Une peinture de l'incendie des édifices du Parlement

Le port de Toronto en 1840

De retour à Toronto, Fleming commence à dessiner une carte de la ville. Il arpente aussi le port de Toronto en bateau et mesure la profondeur de l'eau.

Fleming fait partie d'un groupe d'ingénieurs, d'arpenteurs et d'**architectes** qui ont fondé une **société** à Toronto, le Canadian Institute. Les membres se réunissent régulièrement et publient leur propre revue dans laquelle Fleming écrit de nombreux articles.

Le port de Toronto aujourd'hui

LE PREMIER TIMBRE CANADIEN

En 1851, les Anglais permettent à la province du Canada d'exploiter son propre service postal. C'est Sandford Fleming qui conçoit le premier timbre canadien.

Aujourd'hui, tout le monde connaît les **emblèmes** du Canada: le castor et la feuille d'érable. Fleming dessine un castor pour le premier timbre. C'est un animal très vaillant et Fleming sait déjà qu'il faudra beaucoup de travail pour bâtir le Canada.

Le timbre de trois sous dessiné par Fleming est émis le 23 avril 1851. On y voit les lettres V et R qui signifient, en latin, *Victoria Regina*, la «reine Victoria». De nos jours, ce timbre vaut 20 000 $!

Le timbre de trois sous et le timbre en l'honneur de Fleming

Bien des années plus tard, Fleming lui-même apparaîtra sur un timbre canadien. En 1977, 150 ans après la naissance de Fleming, le Canada émet un timbre commémorant sa vie et son œuvre.

Fleming n'a que 24 ans lorsqu'il conçoit son timbre. Ce ne sera pas sa seule contribution au service postal, car il va entreprendre la mise sur pied du réseau ferroviaire canadien. Désormais, les trains vont livrer le courrier. En 1852, Fleming devient ingénieur adjoint dans le projet du Northern Railway qui va relier Toronto et Hen-and-Chickens (aujourd'hui Collingwood).

La livraison du courrier avant les chemins de fer

LE PREMIER CHEMIN DE FER DE FLEMING

La première locomotive du Northern Railway a été construite en 1852.

Quand Fleming se lance dans la construction de chemins de fer, il existe seulement deux petites voies ferrées dans la province du Canada, près de Montréal. Il n'y a pas de chemins de fer dans le Haut-Canada. Mais les travaux du Great Western Railway, le chemin de fer reliant Niagara Falls et Windsor, avancent bien. Beaucoup d'autres chemins de fer vont bientôt se développer.

Le trajet du Northern Railway entre Toronto et Barrie est déjà connu, mais Fleming doit déterminer le reste du réseau. Comme il n'y a pas de route dans ce secteur, il se déplace au milieu des rochers, des forêts et des étangs. Il voyage à cheval lorsque le terrain le permet, mais il doit franchir à pied les régions trop accidentées. Il mesure le sol, trace des cartes de la route et dessine les ponts qu'il faudra construire.

Trois ans plus tard, Fleming devient ingénieur en chef. Il occupe ce poste jusqu'en 1863, date de la fin des travaux. Plus le temps passe, plus Fleming voit grand. Il n'est pas le premier à parler d'un chemin de fer entre l'Atlantique et le Pacifique, c'est-à-dire qui traverse le Canada. Mais, en 1862, il est le premier à en préparer les plans. Toutefois, des années vont s'écouler avant que les travaux commencent.

Il y a beaucoup d'autres chemins de fer à construire entre temps, comme l'Intercolonial Railway reliant la province du Canada aux colonies **maritimes** anglaises, soit la Nouvelle-Écosse et le Nouveau-Brunswick. En 1863, Sandford Fleming dirige le projet.

Les trains canadiens ont beaucoup changé depuis l'époque de Fleming.

13

LA LIAISON AVEC LES MARITIMES

Au début de l'année 1864, Fleming produit son premier relevé de l'est du Québec et du Nouveau-Brunswick. C'est l'hiver, et son groupe se déplace en traîneaux tirés par des chiens et en raquettes. Plusieurs ponts seront nécessaires. Environ 10 000 personnes participent à la construction du chemin de fer.

Comme il travaille dans les Maritimes, Fleming et sa famille s'installent à Halifax en 1864. En 1869, ils déménagent à Ottawa, mais conservent une maison d'été à Halifax. Lorsque le travail de Fleming à l'Intercolonial se termine, en 1876, un train roule de Halifax à Québec. Quelle joie pour les Fleming de voyager en train

La maison des Fleming à Ottawa

La rue principale de Winnipeg, en 1871

d'Ottawa à Halifax! Le trajet les conduit le long du chemin de fer que Sandford a construit.

Le Canada se développe et a de plus en plus besoin de chemins de fer. Le Manitoba devient une province en 1870, et la Colombie-Britannique en 1871. Le gouvernement canadien décide de construire un chemin de fer traversant le continent, jusqu'au Pacifique.

En avril 1871, pendant qu'il est toujours à la tête de l'Intercolonial Railway, Fleming est nommé ingénieur en chef du nouveau chemin de fer qui reliera Montréal à la côte Ouest. En juin, il envoie 21 groupes d'arpenteurs explorer l'itinéraire. Comme d'habitude, il veut voir le terrain lui-même. Le 1er juillet 1872, il quitte Halifax pour un voyage de 8500 kilomètres.

L'EXPLORATION DES MONTAGNES

Fleming et son petit groupe prennent le train jusqu'à Collingwood, puis le bateau jusqu'à Port Arthur (aujourd'hui intégré à Thunder Bay). Plus ils avancent vers l'ouest, plus la route devient difficile. Ils atteignent Fort Garry, au Manitoba, en canot et en calèche. Puis ils traversent les Prairies en charrettes tirées par des bœufs jusqu'à Fort Edmonton. Ils font moins de 60 kilomètres par jour.

Ils continuent leur chemin à cheval, puis construisent un radeau pour traverser la rivière Athabasca. Ils escaladent les montagnes Rocheuses à cheval et à pied, et trouvent un bon passage pour le train. C'est le col Yellowhead, près de Jasper. L'équipe poursuit jusqu'à Kamloops et New Westminster, sur la côte. Finalement, elle arrive à Victoria le 11 octobre 1872, après 103 jours de voyage.

Une charrette tirée par un bœuf

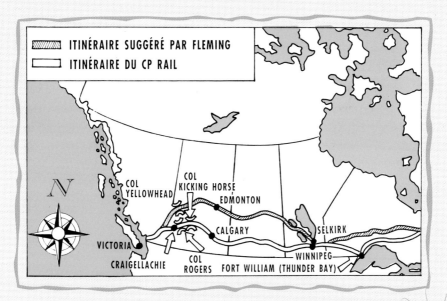

L'itinéraire du Canadian Pacific Railway

Le gouvernement accorde à la Canadian Pacific Railway Company (Canadien Pacifique) le contrat de construction du chemin de fer. Fleming laisse son poste d'ingénieur en chef pour devenir un des **administrateurs** de la compagnie. Mais la compagnie refuse de suivre le passage qu'il suggère dans les Rocheuses. Le chemin de fer passera plus au sud, par Calgary plutôt que par Edmonton.

William Cornelius Van Horne est le directeur général de la compagnie. Avant même que tous les **relevés** soient terminés, il fait construire la voie ferrée jusqu'à Calgary. En 1883, Fleming est en Angleterre quand on lui demande son aide. Van Horne a besoin d'un passage pour traverser la chaîne Selkirk, à l'ouest de Calgary. Fleming, âgé de 56 ans, s'embarque à nouveau pour le Canada.

Dans le train pour Calgary, il voit les répercussions du chemin de fer. En 1872, Winnipeg se composait de quelques maisons isolées. Sa population atteint maintenant 30 000 habitants. D'autres villes, comme Brandon, n'existaient même pas.

LE DERNIER CRAMPON

À partir de Calgary, Fleming et son groupe se déplacent à cheval vers l'ouest. Ils traversent le col Kicking Horse sans trop de difficulté. Mais ensuite, ils doivent conduire les chevaux sur les flancs étroits des montagnes au-dessus de rivières déchaînées. Ils affrontent des incendies de forêt et subissent même des attaques de guêpes. Fleming écrira plus tard que cette «marche terrible» a été la plus grande épreuve de sa vie.

Il fallait beaucoup d'ouvriers pour percer des tunnels et construire des ponts.

Une fois rendu au col Rogers, Fleming fait ramener les chevaux vers Calgary. Il mène son groupe à pied et, malgré le manque de nourriture, ils réussissent à trouver un passage dans les montagnes. Le chemin de fer pourra être complété.

Le travail dans les montagnes est très difficile. Des milliers d'ouvriers, surtout des Chinois, travaillent sans notre machinerie moderne. Ils utilisent souvent des **explosifs** dangereux pour faire sauter les rochers et pour percer des tunnels. Ils doivent aussi se méfier des avalanches. Quelques ouvriers perdent la vie.

Deux ans après son dernier relevé, Fleming prend le train d'Ottawa en direction de l'ouest avec d'autres administrateurs de la compagnie dont Donald Smith et Van Horne. Le chemin de fer traversant le pays est presque terminé. Le 7 novembre 1885, Fleming se tient fièrement derrière Smith lorsque celui-ci enfonce le dernier crampon de la voie ferrée.

Ce grand événement a lieu à Craigellachie, près de Revelstoke, en Colombie-Britannique. Le premier train à traverser les montagnes se rend jusqu'à la côte Ouest, avec Sandford Fleming à son bord.

Le dernier crampon

L'HEURE NORMALE

Fleming a proposé 24 fuseaux horaires.

En 1876, pendant un voyage en Irlande, Fleming doit prendre le train. Son horaire indique que le départ est à 5:35 P.M., mais il y a une erreur. Il s'agit plutôt de 5:35 A.M. Fleming doit attendre 12 heures! Contrarié, il se met à réfléchir aux horaires de train.

Il pense au trajet de Halifax à Toronto. Le long du trajet, chaque ville a une heure différente, mesurée en fonction de la position du Soleil. Le train s'arrête à Saint-Jean, à Québec, à Montréal, à Ottawa et à Toronto. Il est difficile de se souvenir des décalages horaires d'une ville à l'autre. Par exemple, les passagers qui descendent à Toronto en provenance de Halifax doivent reculer leur montre d'une heure et cinq minutes.

C'est un véritable cauchemar que de lire ou d'écrire l'horaire d'un long trajet. Certains voyageurs préfèrent porter plusieurs montres qui donnent l'heure de six endroits différents!

Après ces réflexions, Fleming propose de diviser la Terre en 24 fuseaux horaires. Il y aurait une différence de une heure entre deux fuseaux adjacents. Il faudrait décaler l'heure d'un nombre d'heures fixes par rapport à l'heure de Greenwich, en Angleterre.

Grâce à Fleming, la personne qui va de Halifax à Toronto n'a qu'à retenir deux heures différentes. Halifax et Saint-Jean sont dans le même fuseau horaire. Québec, Montréal, Ottawa et Toronto sont dans le suivant, soit à exactement une heure de moins qu'à Halifax et à Saint-Jean.

L'idée de Fleming, appelée heure normale, est encore en vigueur partout dans le monde aujourd'hui. Au Canada, la plupart des fuseaux horaires sont décalés de une, deux, trois, quatre ou cinq heures. Terre-Neuve, par contre, a un fuseau horaire particulier, soit une demi-heure plus tôt que celui des Maritimes.

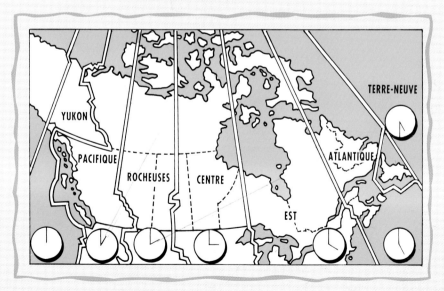

Les fuseaux horaires du Canada

QUEEN'S UNIVERSITY

George Grant, un **pasteur** de Halifax, a participé à l'expédition de Fleming à travers le pays en 1872. Plus tard, il devient l'un des principaux de la Queen's University de Kingston, en Ontario. En 1880, Grant nomme Fleming **chancelier** de la Queen's University.

Durant les 35 années où il exerce cette fonction, Fleming reçoit de nombreux honneurs, entre autres des **grades** *honoris causa* de plusieurs universités, dont la Queen's University, la University of Toronto et la St. Andrew's University, en Écosse. En 1897, la reine Victoria le fait **chevalier**. Ainsi, à 70 ans, il devient Sir Sandford Fleming.

La reine Victoria

Fleming, dans sa fonction de chancelier de la Queen's University

Pendant qu'il est chancelier à Queen's, Fleming s'intéresse à d'autres projets, dont son système de fuseaux horaires et son relevé du col Kicking Horse. De plus, il développe l'idée d'un **télégraphe** sous-marin qui relierait, par le Pacifique, le Canada à l'Australie et à la Nouvelle-Zélande.

Depuis 1858, un câble télégraphique sous-marin relie Terre-Neuve à l'Irlande. Fleming veut étendre les liaisons télégraphiques à tous les pays de l'**empire britannique**. En 1879, il avance l'idée du câble sous le Pacifique. Plus tard, il présentera son projet en Angleterre, en Australie et en Nouvelle-Zélande.

Le câble est terminé en 1902. Le premier message reçu par câble s'adresse à Sandford Fleming et provient du premier ministre de la Nouvelle-Zélande.

Un homme remarquable

La vie de Fleming, remplie de grandes réalisations, prend fin le 22 juillet 1915. Il avait 88 ans. Mais on ne l'a pas oublié. La University of Toronto a nommé son édifice d'ingénierie en son honneur. À Peterborough, où Fleming a vécu lors de son arrivée au Canada, on trouve le Sandford Fleming College.

Fleming a aidé à mettre sur pied le Canadian Institute; cette société existe encore. En 1914, elle est devenue le Royal Canadian Institute. Aujourd'hui, c'est la plus ancienne société scientifique du Canada. Chaque année, elle décerne la médaille Sandford Fleming à un Canadien qui contribue à la diffusion de la science.

Les scientifiques David Suzuki et Helen Sawyer Hogg ont reçu la médaille Sandford Fleming.

Fleming habitait cette maison à Peterborough. C'est aujourd'hui un musée.

Par-dessus tout, on se rappelle de Fleming pour les chemins de fer qu'il a construits partout au Canada. Fleming avait raison de dire que le col Yellowhead offrait le meilleur passage dans les Rocheuses. Deux chemins de fer construits au XXᵉ siècle empruntent ce col.

De nos jours, au Canada, on voyage par la voie des airs et par la route, mais les compagnies de chemin de fer transportent encore beaucoup de passagers et de grandes quantités de **fret**. Pour bien des gens, notre réseau ferroviaire est un des grands succès d'ingénierie de l'histoire de notre pays. Remercions le grand explorateur, scientifique, inventeur et homme d'affaires canadien qu'a été Sandford Fleming.

GLOSSAIRE

administrateur   Personne qui suggère la manière de diriger une entreprise. (*p. 17*)

aqueduc   Bâtiment qui contient les pompes et les tuyaux nécessaires pour alimenter en eau les maisons, les usines, etc. (*p. 3*)

architecte   Personne qui conçoit des édifices et qui est responsable de celles qui les construisent. (*p. 9*)

arpenteur   Personne qui fait des **relevés**. (*p. 7*)

chancelier   Haut fonctionnaire dans une université. Le chancelier assiste à des réunions et à la remise des diplômes, mais ne travaille pas toujours à l'université. (*p. 22*)

chevalier   Titre d'honneur décerné par le gouvernement britannique. (*p. 22*)

colonie   Territoire gouverné par un autre pays. (*p. 6*)

daltonien   Personne incapable de distinguer certaines couleurs. Le plus souvent, la personne est incapable de distinguer le rouge du vert. (*p. 7*)

emblème   Chose qui représente un lieu ou une idée. (Par exemple, la colombe est l'emblème de la paix.) (*p. 10*)

émeute   Soulèvement violent d'une foule. (*p. 8*)

empire britannique   La Grande-Bretagne et les pays qu'elle gouverne. À une époque, l'empire britannique comprenait le Canada, l'Inde, l'Australie et d'autres pays. (*p. 23*)

explosif   Matière qui peut exploser. (Par exemple, un pétard contient un explosif.) (*p. 19*)

fret Marchandises qui sont transportées par camion, par train, par bateau et par avion. (*p. 25*)

fuseau horaire L'une de 24 régions du monde. L'heure est différente dans chaque fuseau horaire. (*p. 1*)

grade *honoris causa* Diplôme universitaire destiné à récompenser une personne pour le travail qu'elle a accompli dans les arts, les sciences, l'économie et dans d'autres domaines. (*p. 22*)

ingénieur Personne qui conçoit ou construit des routes, des machines et des produits de consommation. (*p. 3*)

maritime En bordure de l'océan ou à proximité. (*p. 13*)

moteur à vapeur Machine actionnée par la vapeur. Un carburant, comme le bois ou le charbon, chauffe l'eau qui produit de la vapeur. (*p. 3*)

pasteur Personne qui fait le service religieux dans une église. (*p. 22*)

reine Victoria Reine de Grande-Bretagne et de l'**empire britannique** de 1837 à 1901. (*p. 8*)

relevé Mesure telle que la distance entre des lieux, la hauteur des montagnes et la profondeur des cours d'eau. (*p. 17*)

scierie Usine où l'on débite des arbres. (*p. 2*)

société Groupe de personnes qui partagent un intérêt. (*p. 9*)

télégraphe Système de transmission de messages au moyen de câbles. Un message télégraphique se compose d'un ensemble de signaux longs et courts. (*p. 23*)

INDEX